Dieses Buch kann alleine lesen:
_____

Schulhofgeschichten
zum Lesenlernen

Lese-Spaß mit Lese-Pass

Liebe Eltern,

je regelmäßiger Ihr Kind übt, desto schneller und besser wird es das Lesen beherrschen. Das Lesemaus-Trainingsprogramm mit Sammelpunkten erfordert nur kurze Leseeinheiten von 10 Minuten. Das Sammeln macht Kindern Spaß und motiviert sie von Anfang an.

Je 10 Minuten Lesen werden im Lese-Pass eingetragen und durch Ihre Unterschrift bestätigt. Der Lese-Pass bietet Platz für 10 Einträge à 10 Minuten, also insgesamt 100 Minuten Lesen.
Ist der Pass voll, bekommt Ihr Kind eine zuvor mit Ihnen vereinbarte Belohnung. Das kann ein neues Buch, ein kleines Spiel, ein Ausflug etc. sein. Diese Belohnung tragen Sie zu Beginn gemeinsam im Lese-Pass ein.
Hat Ihr Kind den Pass fertig ausgefüllt, erhält es außerdem eine Lesemaus-Urkunde. Geben Sie dazu auf www.lesemaus.de/belohnung den Code LMZLL ein.

Schließlich gibt Ihr Kind den vollen Lese-Pass ab, erhält mit einem neuen Lesemaus-Band (oder als Download auf www.lesemaus.de) einen neuen Lese-Pass und liest weiter bis zur nächsten Lesemaus-Urkunde ...

Ihnen und Ihrem Kind viel Spaß beim Lesen und Sammeln!

Die LESEMAUS ist eine eingetragene Marke des Carlsen Verlags.

Sonderausgabe im Sammelband 1. Auflage 2012 | ISBN: 978-3-551-06612-1
Zoff auf dem Schulhof! © Carlsen Verlag GmbH, Hamburg 2009
Viel Zirkus um die Neue! © Carlsen Verlag GmbH, Hamburg 2010
Alarm im Zoo! © Carlsen Verlag GmbH, Hamburg 2008
Umschlagkonzeption: Karin Kröll | Illustration der Lesemaus: Hildegard Müller
Lesemaus-Redaktion: Anja Kunle | Umschlagillustration: Dorothea Tust
Druck und Bindung: GGP Media GmbH, Pößneck | Printed in Germany

Alle Bücher im Internet: www.lesemaus.de
Newsletter mit tollen Lesetipps kostenlos per E-Mail: www.carlsen.de

Inhalt

9 Zoff auf dem Schulhof!

35 Viel Zirkus um die Neue!

61 Alarm im Zoo!

86 Lesenlernen mit der Lesemaus

Zoff auf dem Schulhof!

Eine Geschichte von Rudolf Herfurtner
mit Bildern von Dorothea Tust

Der Junge auf dem Schulweg

Eigentlich geht Michi gern in die Schule.
Aber seit ein paar Tagen möchte er
am liebsten zu Hause bleiben.
Er darf es niemandem sagen, aber er
hat Angst. Da ist ein großer Junge.
Der wartet auf ihn. Auf dem Schulweg.
Fast jeden Tag. Auch an diesem Montag.
Er lauert an der alten Mauer, wo niemand
ihn sehen kann. Michi kennt ihn nicht.
Er will ihn auch gar nicht kennen.
Er möchte nur vorbei. Schnell vorbei,
in die Schule. Aber der Junge lässt ihn nicht:
„Stopp, du! Kein Durchgang!"

„Ich muss in die Schule", sagt Michi.
„Kein Durchgang, sag ich!"
Michi möchte an dem Jungen vorbeilaufen.
Aber der Junge hält ihn fest und schubst ihn.
Michi stolpert und fällt hin.
Er tut sich an der Hand weh.
Gleich muss er weinen. Aber das will er nicht.
Nicht hier. Und nicht jetzt.
„Lass mich, du blöder ...!"
„Frech werden?" Der Junge schubst ihn
wieder. „Ich sag: Kein Durchgang!"
„Ich muss in die Schule!", sagt Michi.
„Was zahlst du?"

Der Junge reißt ihm den Schulranzen vom Rücken und wühlt darin herum. Michi kann sich nicht dagegen wehren. Der Junge ist zu stark. Er hat ihm schon Buntstifte weggenommen, seinen roten Kuli und den neuen Spitzer. Heute fischt er Michis Pausenbrot heraus. Aber er mag es nicht, weil ein Salatblatt drauf ist: „Gemüsebrot! Pfui!" Er klaut Michi lieber den Müsliriegel und lacht gemein. „Jetzt hau ab! Und wehe, du sagst jemandem was!"

Eine Ecke weiter warten Michis Freunde.
„Wo bleibst du so lange?", fragen sie.
Soll er ihnen alles erzählen? Lieber nicht.
Der Junge ist gefährlich. Aber morgen wird
Michi einen anderen Weg in die Schule
nehmen. Sie kommen gerade noch
rechtzeitig in die Klasse.
Frau Bode, die Lehrerin, ist schon da.
„Na, das war aber knapp!", sagt sie.
„Jetzt setzt euch mal schnell hin, damit
wir anfangen können. Guten Morgen!"
„Guten Morgen, Frau Bode!"

„Also, in dieser Woche sprechen wir über
Ernährung. Was ist Ernährung? Michi?"
„Das, was wir essen", sagt Michi.
„Genau", sagt Frau Bode. „Und wir wollen
gleich mal schauen, was wir so alles essen.
Legt bitte euer Pausenbrot auf den Tisch."
„Toll, gleich wieder Pause!", ruft Jana.
„Nein", sagt Frau Bode, „nur anschauen."
Die Kinder holen ihre Pausensachen heraus.
Frau Bode schreibt die Sachen an die Tafel.
Auf die linke Seite schreibt sie:

Wurstbrötchen. Marmeladenbrot.
Brötchen mit Nuss-Nougat-Creme.
Eine Packung Kartoffelchips.
Eine Tüte Gummibärchen.
Schokoriegel. Milchschnitte.
Ein Überraschungsei.
Eine Tüte Kakao.
Eine kleine Flasche Limonade.
Und Gummischlangen.
Und Gummischnuller. Und Esspapier.
Und eine Mohnschnecke.
Und eine Käsetasche.
Und bunte Lollis.

„Da müssen wir aber noch einiges lernen
in dieser Woche", stöhnt Frau Bode.
„Was haben wir noch?"
Und sie schreibt wieder an die Tafel.
Jetzt auf die rechte Seite:
Vollkornbrot. Knäckebrot.
Salat, Karotten und Gurkenstücke.
Paprika und kleine Tomaten.
Äpfel, Birnen, Bananen.
Nüsse und getrocknete Früchte.
Ein Stück Gemüsekuchen.
Und Fruchtsaft. Und Früchtetee.
Und eine Tüte Vollmilch.

„Na, da haben wir doch ungefähr gleich viel
auf jeder Seite", sagt Frau Bode zufrieden.
„Was, glaubt ihr, ist der Unterschied
zwischen den beiden Spalten?"
„Glasklar!", ruft Jana. „Links sind die guten
und rechts die nicht so guten Sachen."
Die Kinder lachen und Frau Bode lacht mit.
Dann wird sie wieder ernst und sagt:
„Nein, Jana. Rechts stehen die gesunden
Sachen und links die weniger gesunden.
Und warum das so ist, das werden wir
diese Woche lernen."

Leserätsel

Was hat der große Junge
Michi schon weggenommen?

☐ Hefte, einen Radiergummi
und einen Kuli

☐ Buntstifte, einen roten Kuli
und einen Spitzer

☐ Zwei Aufkleber, einen Gameboy
und einen Bleistift

Warum will der große Junge
Michis Pausenbrot nicht?

☐ Weil es mit einem Regenwurm belegt ist.
☐ Weil es ein Loch hat.
☐ Weil ein Salatblatt drauf ist.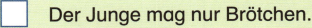
☐ Der Junge mag nur Brötchen.

Was gehört wohin? Ergänze die fehlenden Buchstaben auf beiden Seiten der Tafel!

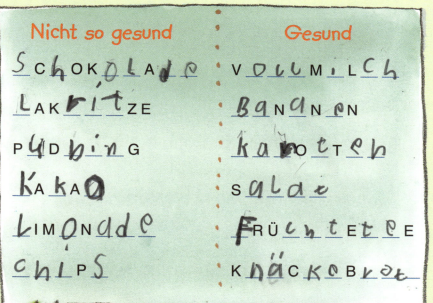

Nicht so gesund	Gesund
Schokolade	Vollmilch
Lakritze	Bananen
Pudding	Karotten
Kakao	Salat
Limonade	Früchtetee
Chips	Knäckebrot

Das perfekte Pausenbrot

Michi muss in dieser Woche nicht so viel lernen. Das meiste weiß er schon.
Seine Mutter gibt ihm immer ganz gesunde Sachen mit.
Heute hat er ein kleines Vollkornbrötchen dabei mit Frischkäse, Salat und Kräutern. Und Weintrauben. Als Michi in der Pause seine Brotdose öffnet, steht plötzlich Boris hinter ihm. Boris ist aus Russland und neu in der Klasse. Er hat nie etwas zum Essen dabei.
„Willst du?", fragt Michi. „Weintrauben?"
„Danke", sagt Boris. „Ist gut. Sehr gut!"

Am nächsten Tag geht Michi eher aus
dem Haus. Er verrät niemandem, warum.
„Pass auf dich auf!", sagt Mama.
„Ja, das mach ich", sagt er.
Und dann geht er einen weiten Umweg
in die Schule. Er hat trotzdem Angst, dass
ihn der große Junge erwischen könnte.
Er rennt ganz schnell.
Immer wieder schaut er sich um. Der Junge
ist aber nirgends zu sehen. Auch nicht am
Mittwoch und Donnerstag. Vielleicht ist
Michi den gemeinen Dieb jetzt wirklich los?

In Ernährung haben die Kinder jetzt
schon viel gelernt. Sie wissen, wie viel
Zucker in Joghurt ist und wie viel Fett
in Leberwurst und in Kartoffelchips.
Sie wissen, dass man Energie braucht,
um zu leben und zu lernen.
Und sie wissen auch, aus welchem Essen
gute Energie entsteht. Und nicht bloß
ein müder Kopf und ein dicker Po.
Am Ende der Woche soll jeder ein
perfektes Pausenbrot mitbringen, als
Hausaufgabe. Dafür gibt's gute Noten!

Am Freitagmorgen steht Michi ein bisschen früher auf. Er will sich ein superperfektes Pausenbrot machen. Ganz bunt: rot, braun, gelb und grün. Rote Tomate, braunes Vollkornbrot, gelber Käse, grüner Salat.
In das Brot schneidet er Zacken, damit es aussieht wie ein Stern. Er ist sicher, dass er das schönste perfekte Pausenbrot der ganzen Klasse haben wird.
Michi nimmt wieder den Umweg.
Sicher ist sicher!
Er rennt, so schnell er kann. Aber plötzlich steht der Junge vor ihm.

„Hast gedacht, ich find dich nicht?"
Er schubst Michi und lacht.
„Aua!", sagt Michi. „Hör auf! Wenn du nicht
aufhörst, schrei ich. Oder ich sag es
der Polizei!" Michi ist den Tränen nahe.
„Das wagst du nicht!", sagt der Junge
und hält ihm seine Faust unter die Nase.
Dann reißt er ihm den Schulranzen vom
Rücken und nimmt ihm das Sternenbrot ab.
„Nicht das Brot!", schreit Michi. „Bitte!
Ist ein Gemüsebrot! Das magst du doch
sowieso nicht!"
„Schnauze!", sagt der Junge und
weg ist er. Und das Brot auch.

Als Frau Bode die Pausenbrote anschauen will, sagt Michi: „Ich hab meins vergessen."
Frau Bode ist sehr enttäuscht.
Und Michi denkt: „Jetzt sag ich ihr alles. Sie muss mir helfen!"
Da steht Boris auf und zeigt Frau Bode ein wunderschönes Pausenbrot. Michi erkennt es sofort: Es ist sein Sternenbrot.
„Frau Bode, das ist ...", fängt Boris an.
„Das ist wirklich perfekt!", unterbricht ihn Frau Bode. „Das ist das schönste Pausenbrot, das ich je gesehen habe. Sehr gut, Boris!"

Als Michi am Montag in die Schule geht, sieht er den großen Jungen schon von weitem. Aber er ist nicht allein. Boris ist bei ihm. Michi will weglaufen, aber Boris hält ihn fest.
„Bleib! Ist mein Bruder. Tut dir nichts mehr. Entschuldigung! Hier, deine Sachen."
Er gibt Michi den Spitzer und die Stifte zurück. „Hab ich nicht gewusst!"
„Warum hast du Frau Bode nicht gesagt, wem das Brot gehört?", fragt Michi.
„Ich war so froh. Sie hat mich noch nie gelobt. Dich schon oft", sagt Boris.

Michi und Boris gehen gemeinsam
ins Klassenzimmer. Michi zeigt Frau Bode
sofort sein Pausenbrot und er bekommt
nachträglich ein „Sehr gut"!
In der Pause steht Boris wieder neben Michi.
„Wir haben nicht viel Geld, weißt du.
Mein Bruder wollte mir bloß helfen."
„Ich hab ziemliche Angst gehabt", sagt Michi.
„Das nächste Mal helf ich dir", sagt Boris.
„Okay. Ich hab zwei Tomaten.
Magst du eine?"
„Ja, gern", sagt Boris. „Danke!"

Leserätsel

Aus welchem Land kommt Boris?

☐ Aus Russland

☐ Aus Island

☐ Aus Finnland

☐ Aus Griechenland

Was ist auf Michis Sternenbrot?

☐   ☐   ☐   ☐

Gelber Honig	Rote Tomate	Rosa Wurst	Roter Schinken
Rote Marmelade	Gelber Käse	Gelbe Paprika	Grüne Gurke
Braune Streusel	Grüner Salat	Roter Ketchup	Weiße Mayonnaise

Findest du sieben Unterschiede?

Infoseite
Was kannst du tun, wenn du mal Zoff oder Probleme hast?

Es gibt Situationen, die Angst machen. Angst zu haben ist keine Schande – weder für Jungen noch für Mädchen. Du solltest nur lernen, mit gefährlichen Situationen umzugehen und richtig zu reagieren. Diese Verhaltensweisen kannst du dir für den Ernstfall merken:

 Ruhe bewahren

Ein starkes Auftreten, ein fester Blick und eine aufrechte Haltung schrecken Angreifer ab und schützen dich. Wirst du doch einmal bedroht oder angegriffen, versuche ruhig zu bleiben.

 Vorsicht ist keine Feigheit

Gefahren solltest du grundsätzlich möglichst aus dem Weg gehen. Wenn dir eine Situation komisch vorkommt, lauf weg. Das ist nicht feige, sondern schlau.

 Hilfe holen ist kein Petzen

Wenn du nicht weiterweißt, sprich mit einem Erwachsenen, dem du vertraust. Das können deine Eltern oder andere Verwandte, ein Lehrer oder auch ein Polizist sein.

4. Nicht wegschauen

Wenn ein anderes Kind in einer gefährlichen Situation ist, misch dich ein und leiste Hilfe – aber nur, wenn du dich selbst dabei nicht in Gefahr bringst! Hole Hilfe oder fordere andere Anwesende zur Unterstützung auf.

5. Gewalt ist keine Lösung

In der Schule können Schüler und Lehrer gemeinsam Regeln gegen Gewalt aufstellen. An vielen Schulen gibt es sogenannte Streitschlichter. Frag deine Lehrer doch mal danach.

Wenn du dich bedroht fühlst, findest du hier Hilfe:

Nummer gegen Kummer

Der Verein „Nummer gegen Kummer e.V." hat ein Sorgentelefon für Kinder und Jugendliche eingerichtet. Bei kleinen und großen Problemen kannst du die Mitarbeiter unter der kostenlosen Telefonnummer 0800 1110333 anrufen. Die Beratung ist vertraulich und anonym (das heißt, du musst deinen Namen nicht sagen).
Die Beratungszeiten sind montags bis freitags von 15 bis 19 Uhr.

Notinsel

Wenn du in eine gefährliche Situation gerätst, solltest du schnell einen Ort suchen, an dem viele Menschen sind. Zum Beispiel eine Notinsel. Das sind Geschäfte, in denen die Mitarbeiter dir helfen, wenn du in Gefahr bist.
Mehr über die Aktion erfährst du im Internet unter: www.notinsel.de

Lösungen

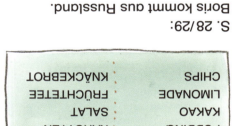

S. 28/29:
Boris kommt aus Russland.
Auf Michis Pausenbrot sind rote Tomate, gelber Käse und grüner Salat.

Nicht so gesund	Gesund
SCHOKOLADE	VOLLMILCH
LAKRITZE	BANANEN
PUDDING	KAROTTEN
KAKAO	SALAT
LIMONADE	FRÜCHTETEE
CHIPS	KNÄCKEBROT

S. 18/19:
Der große Junge hat Michi Buntstifte, einen roten Kuli und einen Anspitzer weggenommen.
Der Junge will Michis Pausenbrot nicht, weil ein Salatblatt drauf ist.

Viel Zirkus um die Neue!

Eine Geschichte von Rudolf Herfurtner
mit Bildern von Dorothea Tust

Das neue Mädchen

Heute bringt Frau Bode ein neues Mädchen mit.
„Das ist Duschka", sagt sie. „Sie ist hier
zu Besuch und geht so lange in unsere Klasse."
Die Kinder tuscheln. Jana, Chrissi
und Mia flüstern: „Die sieht komisch aus!"
„Wo die wohl herkommt?"
„Wahrscheinlich Ausländerin, oder?"
„Ruhe!", ruft Frau Bode. „Wir sind nett
zu unserem Gast! Klar?"
Aber in der Pause rennen alle einfach raus
und lassen Duschka allein stehen.

„Geheimbesprechung der Detektivinnen im Hof!", flüstert Jana. „Also passt auf! Die ist verdächtig! Erstens redet sie nicht und zweitens: der Name!"
Boris und Michi kommen vorbei.
„He, Boris", ruft Chrissi, „ist die Neue aus Russland? Duschka klingt so russisch."
„Oder wie Duschkabine", lacht Mia.
„Weiß nicht", sagt Boris.
„Wir finden's sowieso raus", sagt Jana.
„Spinnt ihr schon wieder rum mit eurem Detektivspiel?", stöhnt Michi.

Nach der Schule verstecken sich die drei Detektivinnen und warten, bis das fremde Mädchen aus dem Schulhaus kommt. Jana verstellt dem Mädchen den Weg. Als Duschka zurückweicht, steht plötzlich Chrissi hinter ihr. Und als das Mädchen auf die Straße ausweichen will, hält Mia sie auf: „He, Duschka oder wie du heißt! Hast du vielleicht Angst?"

Duschka schaut sich um. Hinter ihr ist eine hohe Mauer. Aber vor der Mauer steht ein Baum.
„Das könnte gehen", denkt Duschka.
Sie schaut Mia an und grinst.
Im nächsten Augenblick klettert sie flink wie ein Eichhörnchen den Baum hinauf.
Dann springt sie auf die Mauer hinüber, winkt und ist weg.
Michi und Boris stehen auf der anderen Straßenseite und lachen.
„Die kriegt ihr nie!", ruft Michi.

„Und ob wir die kriegen!", zischt Jana.
„Den drei Detektivinnen entkommt keiner!"
Sie rennen um die Gartenmauer herum.
Keine Spur von Duschka!
„Weiter!", ruft Chrissi. „Sie kann noch nicht weit sein."
Sie biegen um eine Ecke und da sehen sie Duschka. Und Duschka sieht sie auch.
Aber sie zeigt keine Angst.
Sie lacht und winkt und rennt los.
„Die kriegen wir!", ruft Jana.

Die Mädchen jagen Duschka durch die
ganze Siedlung. Sie geben nicht auf. Aber
Duschka ist immer ein bisschen schneller.
Es sieht fast so aus, als wäre alles nur
ein lustiges Spiel für sie.
Doch je länger Duschka wegläuft, desto
verdächtiger wird sie für die Mädchen.
„Wahrscheinlich kann die nicht mal Deutsch",
sagt Chrissi.
„Und was soll das überhaupt heißen:
Sie ist zu Besuch?", sagt Jana.
„Ich möchte wissen, was die hier macht",
sagt Mia.

Und dann macht Duschka einen Fehler.
Sie läuft in eine Sackgasse.
Am Ende dieser Sackgasse gibt es keine
Mauer, über die sie klettern könnte.
Am Ende dieser Sackgasse fließt ein Kanal,
zehn Meter breit, tiefes graues Wasser.
Gleich rechts gibt es ein Wehr.
Dahinter stürzt das Wasser bedrohlich
sprudelnd in die Tiefe.
„Jetzt haben wir sie", sagt Jana leise.
Langsam rücken die Mädchen gegen
Duschka vor.

Gleich werden sie mit dem Verhör beginnen.
Kein Geheimnis kann vor den drei
Detektivinnen bestehen.
Duschka schaut sich um. Das Wehr ist mit
einem Gitter und Stacheldraht gesichert.
Da kann keiner rüber.
Kurz vor dem Wehr ist ein Stahlseil über
den Kanal gespannt. Wenn jemand reinfällt,
kann er sich daran festhalten, damit er nicht
in den lebensgefährlichen Wasserfall hinter
dem Wehr gerät.
Was soll Duschka machen?

Leserätsel

Was stimmt? Kreuze an.

Das fremde Mädchen heißt

- N Duschka.
- T Dunja.
- R Duschkabine.

Am Ende der Sackgasse ist

- A eine Mauer.
- O ein Baum.
- E ein Kanal.

Jana, Mia und Chrissi spielen

- TT Detektiv.
- LL Dame.
- MM Verstecken.

Die Buchstaben neben den richtigen Antworten verraten dir, wie man zu neuen Kindern in der Klasse sein sollte: __ __ __ __

Male alle Felder aus, in denen ein Vokal steht. Welches Tier siehst du?

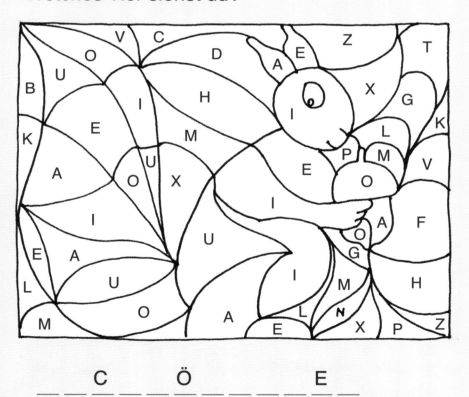

__ __ C __ Ö __ __ E

Applaus für Duschka

„Ein Stahlseil", denkt Duschka.
Jetzt grinst sie wieder.
„Was grinst du so?", sagt Jana. „Wir haben
dich auf jeden Fall!"
„Das glaubst auch nur du", sagt Duschka
und lacht. Sie dreht sich um und setzt
einen Fuß auf das Stahlseil.
„Nein!", rufen die Mädchen erschrocken.
„Doch!", sagt Duschka, breitet die Arme aus
und läuft über das Seil auf
die andere Seite des Kanals.
„Die kann ja Deutsch!",
sagt Mia.

„Warum soll ich nicht Deutsch können?",
ruft Duschka und setzt sich lachend
ins Gras.
Die Mädchen sind sprachlos.
„He! Wer traut sich?", ruft Duschka.
„Das ist doch streng verboten!", sagt Jana.
„Fremde Kinder jagen ist auch streng
verboten, oder?", sagt Duschka.
„Wir haben doch gar nichts gemacht",
sagt Chrissi.
„Wir hauen ab!", zischt Jana leise. „Los!"

Michi und Boris haben alles beobachtet.
Sie sehen, wie die Mädchen weglaufen und
wie Duschka über das Seil zurückkommt.
„Das möchte ich auch können", flüstert Michi.
Sie folgen Duschka bis zu einem Platz am
Ortsrand. Da stehen mehrere Wohnwagen
um einen weißen Laster herum.
Auf den Laster ist ein großes Bild gemalt.
„Ach so!", sagt Michi, als er das Bild sieht.
„Jetzt versteh ich!"

Als Michi am nächsten Morgen in die
Schule kommt, stehen die Schüler aufgeregt
auf dem Hof. Alle freuen sich, nur die drei
Detektivinnen schauen grimmig.
„Was ist denn?", fragt Michi.
„Sie sind hier bei uns auf dem Schulhof!",
ruft Boris. „Schau, da ist sie!"
Vor lauter Leuten hat Michi Duschka gar nicht
gesehen. Sie trägt ein buntes Trikot und ein
Faltenröckchen. Sie steht mit einem großen
Mann vor dem weißen Laster und strahlt
vor Stolz und Freude.

Alle können jetzt das Bild auf dem Laster sehen. Es zeigt den Mann, der neben Duschka steht. Hoch oben zwischen zwei Kirchtürmen geht er über ein Seil.
Darunter steht in großen Buchstaben:
DUSCHKO und DUSCHKA – Lufttänzer.
Neben dem Laster ist ein Drahtseil zwischen zwei Ständern gespannt.

Da kommt die Rektorin heraus und begrüßt die Kinder: „Alle herhören! Das ist Herr Duschko. Und seine Tochter Duschka. Herr Duschko wird am Wochenende auf einem Seil bis zur Kirchturmspitze laufen. Aber heute zeigt uns seine Tochter schon mal ein paar Seiltänzer-Kunststücke hier auf dem Schulhof. Begrüßen wir mit einem großen Applaus: Duschko und Duschka!"

Die Kinder klatschen. Duschka verbeugt sich tief und steigt aufs Seil. Sie hat einen kleinen Schirm in der Hand zum Balancieren, aber sie läuft so leicht über das dünne Seil, als würde sie durch die Luft tanzen und könnte nie herunterfallen.

„Na, was guckt ihr so mürrisch?", fragt Frau Bode die drei Detektivinnen. „Ist es nicht großartig, dass jemand so was kann?"

„Sie hätte ja was sagen können!", mault Jana.

„Sie wollte uns überraschen!", sagt Frau Bode.

„Ihr habt gedacht, Duschka ist total blöd, stimmt's?", sagt Michi. „Nur weil sie ein bisschen anders ist als ihr."
„Nein, Michi", sagt Frau Bode. „In unserer Klasse denken wir so was nicht. Außerdem wird Duschka noch zehn Tage bei uns sein. Da können wir uns gegenseitig gut kennenlernen. Und jetzt Applaus!"

Leserätsel

Was stimmt? Kreuze an.

Duschka läuft

- M über den Schulhof.
- N über das Wasser.
- W über das Seil.

Duschka trägt

- EH ein buntes Trikot.
- AH ein buntes T-Shirt.
- OH ein buntes Top.

Michi und Boris

- [T] foppen Duschka.
- [R] folgen Duschka.
- [N] fragen Duschka.

Die Buchstaben neben den richtigen Antworten ergeben ein Lösungswort: _ _ _ _ _

Entdeckst du fünf Zirkuswörter? Kreise sie ein.

E	R	T	R	I	K	O	T	Ü	Ü
W	A	Q	T	N	Ö	I	U	G	T
X	W	O	H	N	W	A	G	E	N
D	L	Ö	I	B	T	F	U	T	B
O	H	F	T	B	K	W	Z	F	T
S	E	I	L	T	Ä	N	Z	E	R
A	R	A	P	P	L	A	U	S	G
Ä	T	V	N	M	U	F	R	C	H
K	U	N	S	T	S	T	Ü	C	K
I	R	V	N	M	T	S	E	M	B

Infoseite
Vorurteile – richtig oder falsch?

Was ist ein Vorurteil?

Oft denken wir, dass wir einen fremden Menschen schon auf den ersten Blick genau einschätzen können. Wir bewerten und beurteilen ihn, bevor wir ihn wirklich kennen. Wir fällen also ein Vorurteil.

Ist ein Vorurteil immer etwas Schlechtes?

Früher waren Vorurteile sehr wichtig. Sie halfen dem Urzeitmenschen, in einer gefährlichen Situation schnell zu handeln. Wenn er ein gefährliches Tier sah, wusste er sofort, dass er wegrennen musste. Auch heute können uns Vorurteile schützen. Sie bewahren uns davor, Fremden allzu schnell zu vertrauen.

Wann sind Vorurteile falsch?

Schnell zu urteilen, ist aber nicht immer richtig. Meistens fällen wir Vorurteile über fremde Menschen, zum Beispiel über ein neues Kind in der Klasse. Fremde Kinder sind jedoch keine gefährlichen Tiere, vor denen wir uns schützen müssen. Wir sollten jedem erst mal eine Chance geben, ihn richtig kennenzulernen.

Wie wird man ein Vorurteil wieder los?

Fast jeder hat Vorurteile. Oft ist es gar nicht so leicht, sie wieder loszuwerden. Deine eigenen Vorurteile kannst du bekämpfen, indem du vor allem deinen eigenen Kopf benutzt. Mach dir ein eigenes Bild, bevor du urteilst!

Lösungen

S. 44/45:
Das fremde Mädchen heißt Duschka.
Am Ende der Sackgasse ist ein Kanal.
Jana, Mia und Chrissi spielen Detektiv.
Zu neuen Kindern in der Klasse sollte man NETT sein.
Lösungswort: EICHHÖRNCHEN

S. 54/55:
Duschka läuft über das Seil.
Duschka trägt ein buntes Trikot.
Michi und Boris folgen Duschka.
Lösungswort: WEHR

E	R	T	R	I	K	O	T	Ü	Ü
W	A	Q	T	N	Q	I	U	G	T
X	W	O	H	N	W	A	G	E	N
B	T	Ö	I	B	T	F	U	T	D
T	F	Z	W	K	B	T	F	H	O
S	E	I	L	T	Ä	N	Z	E	R
A	G	S	U	A	P	P	A	R	A
H	C	R	F	U	M	N	V	T	Ä
K	C	Ü	T	S	N	T	S	U	N
B	M	E	S	T	M	N	V	R	I

58

Alarm im Zoo!

Eine Geschichte von Rudolf Herfurtner
mit Bildern von Dorothea Tust

Ausflug zum Zoo

Frau Bodes Klasse geht heute in den Zoo.
„Dass mir keiner verlorengeht!", ruft sie.
Frau Bode schaut ihre Klasse streng an,
vor allem Philipp, den alle Fips nennen.
Fips ist der Kleinste und ein Träumer.
Wenn alle das riesige Nashorn bestaunen,
dann sieht er den kleinen Vogel,
der auf dem Rücken des Nashorns sitzt.
Wenn alle die Elefanten anschauen,
dann entdeckt er eine Libelle, die blau und
silbern über dem Wassergraben schwebt.

Sie gehen ins Aquarium. Da ist es dunkel.
Alle wollen die gefährlichen Haie sehen.
Aber Fips bewundert lieber ein
Seepferdchen. Ganz lange bewundert er
das Seepferdchen.
Und deshalb passiert das Unglück.

Als Frau Bode vor dem Aquarium
die Kinder zählt, ist Fips weg.
„Im Aquarium war er noch da!",
rufen die Kinder aufgeregt.
Frau Bode läuft sofort zurück, um Fips
zu suchen, aber sie kommt zu spät.
Fips hat gemerkt, dass die Klasse weg ist.
Nur noch fremde Leute! Es ist so dunkel.
Wo ist Frau Bode? Wo ist der Ausgang?
Er findet eine Tür. ZUTRITT VERBOTEN
steht darauf. Fips läuft durch diese Tür.
Frau Bode sieht die Tür auch.
Sie weiß nicht, dass Fips gerade
dahinter verschwunden ist.

Fips läuft einen Gang entlang, geht wieder durch eine Tür. Und dann ist er draußen. Aber nicht vorne, wo alle sind, sondern hinter den Gehegen.
Da dürfen Besucher eigentlich gar nicht hin. Fips will da auch gar nicht sein. Er will zu seiner Klasse. Zu Frau Bode.
Raus hier! Aber wo geht es hier raus? Linksrum? Es riecht nach Raubtier.
Er hört einen Löwen brüllen. Also lieber nicht nach links! Am Ende gerät er noch in das Löwengehege.

Fips geht nach rechts und kommt
zu einer Gittertür. Geht es da raus?
Ja. Er sieht die Leute draußen.
Aber die Gittertür ist mit einer Kette
verschlossen.
Er geht an dem Gitter entlang.
Dahinter ist ein Gehege. Aber Fips
sieht nicht, was für Tiere da leben.
Die Büsche sind zu hoch.
Fips hört die Leute auf der anderen Seite.
Hier bei ihm ist es ganz still. Oder?
Fips hört den Wind und die Vögel.
Und ein Kätzchen. Es schreit erbärmlich.
Es hat Angst.

Fips sieht das Kätzchen sofort.
Es sitzt auf einem Baum, der vor
dem Gehege steht. Ein Ast reicht weit
über den Zaun in das Gehege hinein.
Auf diesem Ast sitzt das Kätzchen.
Es ist noch sehr klein. Und der Baum
ist sehr hoch.
„Es kann nicht mehr herunter",
denkt Fips. „Ich muss hinaufklettern
und es retten."

Wo der Baum steht, kann man in das
Gehege hineinschauen:
Eine Hütte sieht Fips und hohes Gras.
Ein paar tote Baumstämme.
Und Hyänen. Ein ganzes Rudel
schrecklicher Hyänen! Ein paar liegen
faul im Gras. Aber zwei Hyänen haben
das Kätzchen gehört und kommen jetzt
langsam auf den Baum zu.

Die Hyänen können sehr gut hören
mit ihren großen Ohren. Sie haben
das Kätzchen schnell entdeckt.
Sie fletschen die Zähne und stellen sich
auf die Hinterbeine.
Aber sie reichen nicht an den Ast heran.
„Ich muss einen Tierpfleger finden",
denkt Fips. „Der kann das Kätzchen retten!"
„Sei still, Kätzchen!", ruft er. „Sonst
kommen noch mehr Hyänen!"
Doch das Kätzchen schreit weiter.
Die anderen Hyänen haben jetzt auch
Beute gewittert. Ist denn hier nirgendwo
ein Tierpfleger?

Leserätsel

Was steht auf der Tür,
die Fips entdeckt?

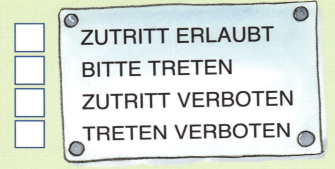

☐ ZUTRITT ERLAUBT
☐ BITTE TRETEN
☐ ZUTRITT VERBOTEN
☐ TRETEN VERBOTEN

Hier siehst du vier Tiere. Eines davon ist eine Hyäne. Kreuze das richtige Tier an.

Wie heißen die Tiere, vor denen das Kätzchen Angst hat?

_ _ _ _ _ _ _.

(Wenn du das richtig schreiben kannst, bist du wirklich gut!)

Jetzt wird es schwierig: Was stimmt?

☐ Hyänen haben vier Beine.

☐ Hyänen sind taub.

☐ Hyänen können gut hören.

☐ Hyänen sprechen Französisch.

Bonjour! Ça va?*

* Hallo! Wie geht's?

Rettung für das Kätzchen

Die Hyänen kommen schnell näher.
Bald drängelt sich das ganze Rudel
unter dem Ast. Fips kann sie riechen.
Sie riechen nicht gut.
Er kann ihre Zähne sehen, lange,
scharfe Zähne.
Und er sieht ihre Gier. Sie wollen nichts
als dieses arme Kätzchen!
Fips schaut sich um. „Hilfe!", ruft er.
„Warum kommt denn keiner?"
Das Kätzchen versucht, auf dem Ast
zurück zum Stamm zu kriechen.

Plötzlich rutscht es ab.
Das Kätzchen schreit auf, aber es kann sich
mit den Vorderpfoten am Ast festhalten.
Die Hyänen werden fast verrückt vor Gier.
Fips überlegt keinen Augenblick länger.
Er ist vielleicht ein Träumer, aber dass er
jetzt das Kätzchen retten muss, das ist klar.
Er wirft seinen Rucksack von sich und
klettert auf den Baum. Fips ist zwar klein,
aber ein guter Kletterer. Doch als er oben
auf dem Ast angekommen ist, zögert er.

Erstens sieht er die wütenden Hyänen unter sich. Und zweitens das Kätzchen. Das hat es gerade geschafft, sich wieder auf den Ast hochzuziehen. Hoffentlich erschrickt es nicht, wenn es Fips sieht!
„Komm!", lockt Fips ganz leise. „Komm, Kätzchen! Komm doch her zu mir!"
Das Kätzchen schaut Fips an. Sein Fell ist gelblich mit schwarzen Streifen an den Beinen. Es fiept leise und dann kriecht es wirklich zu Fips herüber. Fips packt es und drückt es ganz fest an sich.

Im selben Augenblick sieht er auf der
anderen Seite des Geheges seine Klasse.
Und die Kinder sehen ihn, weil er heftig winkt.
Sie winken zurück. Er hört die Kinder rufen:
„Da ist er! Da ist Fips! Fips!"
Fips winkt weiter. Aber er ruft nicht,
um das Kätzchen nicht zu erschrecken.

Im nächsten Augenblick taucht unter dem Baum ein Tierpfleger auf.
„Bleib da, um Gottes willen!", ruft er. „Rühr dich bloß nicht von der Stelle!"
Er rollt einen Wasserschlauch auf und spritzt damit die Hyänen nass.
Die heulen auf und rennen davon.

Ein zweiter Tierpfleger kommt mit einer Leiter und holt Fips und das Kätzchen vom Baum.
Dann kommt auch noch Frau Bode angerannt. Als sie sieht, dass Fips gerettet ist, muss sie weinen vor Glück. Sie nimmt ihren verlorenen Träumer ganz fest in den Arm. Die Umarmung tut gut. Aber es ist Fips auch ein bisschen peinlich, weil ihn die anderen Kinder sehen können.

„Mein lieber Mann, das war aber gefährlich!", sagt der erste Tierpfleger und nimmt Fips das Kätzchen ab.
„Und eigentlich absolut verboten!", sagt der andere.
„Ja", stöhnt da Frau Bode. „Wie kommst du nur hier hinter die Gehege?"
„Ich weiß auch nicht", sagt Fips. „Plötzlich war ich ganz allein im Aquarium."
„Na, immerhin hat er unsere kostbare kleine Wildkatze wiedergefunden, die wir schon vier Tage lang verzweifelt gesucht haben. Ich würde sagen, er hat sich ein großes Eis verdient. Hier hast du Geld."

„Na ja", sagt Frau Bode verlegen. „Ab jetzt weichst du mir nicht mehr von der Seite. Ich bin fast gestorben vor Angst!"
„Mich wundert", sagt da der erste Tierpfleger, „dass sie zu dir hergekommen ist. Wildkatzen sind nämlich sehr scheu."
„Die hat einfach gemerkt, dass ich ihr nichts Böses tue", sagt Fips.
„Ja, wahrscheinlich", sagt Frau Bode. „Aber jetzt raus hier! Damit mir nicht noch einer verlorengeht."
„Essen wir ein Eis, Frau Bode?", fragt Fips vorsichtig.
„Ja, und zwar alle", sagt Frau Bode. „Wir haben uns alle eins verdient!"

Leserätsel

Was stimmt? Kreuze die richtigen Antworten an!

☐ Frau Bode gibt Fips eine Ohrfeige.

☐ Frau Bode küsst die Tierpfleger.

☐ Frau Bode muss weinen.

☐ Frau Bode nimmt Fips in den Arm.

☐ Frau Bode streichelt eine Hyäne.

Im Zoo leben viele Tiere.
Kennst du diese hier?

Wenn du die ersten Buchstaben dieser
Zootiere hintereinander aufschreibst,
ergibt sich ein Lösungswort:

_ _ _ _ _ _ _ _ _ _

Viele dieser Tiere kannst du im Zoo bewundern.
Hier siehst du sie in ihrem natürlichen
Lebensraum.

Lösungen

S. 70/71:
Auf der Tür steht
ZUTRITT VERBOTEN.
So sieht eine Hyäne aus:

Die Tiere, vor denen
das Kätzchen Angst hat,
heißen HYÄNEN.
Hyänen haben vier Beine.
Hyänen können gut hören.

S. 80/81:
Frau Bode muss weinen.
Frau Bode nimmt Fips in den Arm.
WOLF, IMPALA, LÖWE,
DROMEDAR, KROKODIL, AFFE,
TIGER, ZEBRA, ELEFANT
Lösungswort: WILDKATZE

Lesen lernen mit der Lesemaus

Liebe Eltern,

alle Kinder wollen Lesen lernen. Sie sind von Natur aus wissbegierig. Diese Neugierde Ihres Kindes können Sie nutzen und das Lesenlernen frühzeitig fördern. Denn Lesen ist die Basiskompetenz für alles weitere Lernen. Aber Lesenlernen ist nicht immer einfach. Es ist wie mit dem Fahrradfahren: Man lernt es nur durch Üben – also durch Lesen. Eine schöne Motivation kann unser Lesemaus-Trainingsprogramm mit dem beiliegenden Lese-Pass sein.

Wie können Sie Ihr Kind beim Lesenlernen unterstützen?

Je positiver Kinder das Lesen erleben, desto motivierter sind sie, es selbst zu lernen. Lesen Sie Ihrem Kind mindestens bis zum Ende der Grundschulzeit vor. Etablieren Sie gemeinsame Leserituale. So erfährt Ihr Kind: Lesen macht Spaß!

Jedes Kind lernt unterschiedlich schnell lesen. Orientieren Sie sich bei der Auswahl von Erstlesebüchern an den individuellen Interessen und Lesefähigkeiten Ihres Kindes. Die Geschichten sollen Ihr Kind fordern, aber nicht überfordern.

Lesen lernen mit der Lesemaus

Die Lesemaus zum Lesenlernen bietet spannende Geschichten für Leseanfänger. Mit Leserätseln können die Kinder ihre Lernerfolge spielerisch selbst überprüfen. Außerdem gibt es in jedem Band kindgerecht aufbereitete Sachinfos.

Lesen lernen in kleinen Schritten

Der Leselern-Prozess vollzieht sich über längere Zeit und in mehreren Schritten. Daher erscheinen die Lesemaus-Geschichten in drei Lesestufen.
Umfang, Wortschatz, Gliederung, Schriftgröße, Text-Bild-Verhältnis der Geschichten und das Niveau der Leserätsel sind optimal auf die verschiedenen Phasen des Lesenlernens abgestimmt.

Stufe 1
- Erste Geschichten mit Bildern statt Wörtern für Leseanfänger
- Wenig Text, viele farbige Bilder
- Auch ideal zum gemeinsamen Lesen: Das Kind ergänzt das Wort, wenn ein Bild kommt.

Stufe 2
- Einfache Geschichten für Erstleser, die zusammenhängende Sätze lesen können
- Klare Textgliederung in Sinnabschnitte, hoher Bildanteil

Stufe 3
- Kleine Geschichten für geübtere Erstleser, die schon längere Texte lesen können
- Einfache Gliederung, höherer Textanteil, farbige Illustrationen zur Veranschaulichung

Stufe 1

Lesestufe 1: Für Leseanfänger

- **Zum Mitlesen und Selberlesen**
- **Große Fibelschrift**
- **Bilder ersetzen Namenwörter**

Lesenlernen mit Erfolg!
Nur **€ 2,95** [D]
€ 3,10 [A]

ISBN: 978-3-551-06323-6

LESEMAUS zum Lesenlernen

ISBN: 978-3-551-06324-3

ISBN: 978-3-551-06325-0

ISBN: 978-3-551-06323-6

ISBN: 978-3-551-06613-8 *Sammelband*

ISBN: 978-3-551-06303-8

ISBN: 978-3-551-06320-5

Lese-Spaß  **mit Lese-Pass!**

Stufe 2

Lesestufe 2:
Für Erstleser

- **Klare Textgliederung in Sinnabschnitte**
- **Hoher Bildanteil**
- **Große Fibelschrift**

Lesenlernen mit Erfolg!
Nur € 2,95 [D]
€ 3,10 [A]

ISBN: 978-3-551-06421-9

LESEMAUS zum Lesenlernen

ISBN: 978-3-551-06422-6

ISBN: 978-3-551-06423-3

ISBN: 978-3-551-06421-9

ISBN: 978-3-551-06611-4 — Sammelband

ISBN: 978-3-551-06409-7

ISBN: 978-3-551-06418-9

Jeden Tag nur 10 Minuten!

Stufe 3

Lesestufe 3:
Für geübte Erstleser

- **Kurze Leseportionen**
- **Einfache Gliederung**
- **Farbige Illustrationen zur Veranschaulichung**

LESEMAUS zum Lesenlernen
Stufe 3
Ein Pony im Garten
Julia Boehme
Astrid Vohwinkel

CARLSEN

Lesenlernen mit Erfolg!
Nur **€ 2,95** [D]
€ 3,10 [A]

Paula landet auf ihrem Po.
„Aua!", ruft sie und will schon schimpfen.
Aber da sieht sie, dass Pünktchen
zum Gartentor galoppiert ist.
Dort steht ein fremdes Mädchen und
schlingt die Arme um Pünktchens Hals.
Das Pony schnaubt leise.
„Wer bist du denn?", fragt Paula überrascht.
„Ich bin Anna-Maria. Mir gehört das Pony!"
Und dann erzählt Anna-Maria, dass sie
mit ihren Eltern ihre Oma besucht hat.
Und da ist ihr Pony einfach ausgebüxt.

„Um mich zu suchen, wahrsc
meint Anna-Maria. „Dann ha
nach ihm gesucht! Wie verr
Bis ich die Zettel entdeckt habe.
Die hast du bestimmt geschrieben?"
Paula nickt.
„Das war eine tolle Idee!", sagt Anna-Maria.
„Ich bin ja so froh, dass ich mein Pony
wiederhabe!"

Alles gelesen!

ISBN: 978-3-551-06521-6

LESEMAUS zum Lesenlernen

ISBN: 978-3-551-06520-9

ISBN: 978-3-551-06522-3

ISBN: 978-3-551-06521-6

ISBN: 978-3-551-06612-1 ← *Sammelband*

ISBN: 978-3-551-06515-5

ISBN: 978-3-551-06517-9

Noch mehr Bücher gibt es unter
www.lesemaus.de